K-레즈
생존기

K-레즈 생존기

글·그림 해강

뿌리와
이파리

차례

프롤로그 …… 008

01 어디에나 있는 …… 024
02 내 꺼 …… 039
03 극 …… 052
04 방심은 금물 …… 065
05 신나는 미술 수업 1 …… 079
06 신나는 미술 수업 2 …… 090
07 너라서 …… 101
08 레즈, 지옥 …… 114
09 수빈의 연애 …… 124
10 same but different …… 137
11 머리가 짧아 슬픈 짐승 …… 147
12 야망 가슴 …… 157
13 중간에 선 자 …… 167
14 모두의 파이 …… 177
15 그들의 컬렉션 …… 189
16 어떤 선택 …… 199
17 우리의 언어들 …… 212

18 이상한 연애, 이상한 데이트 …… 222

19 Heaven …… 233

20 그날의 분위기 …… 244

21 둘이 하는 놀이 …… 256

22 무쓸모의 쓸모 …… 266

23 혼자도 괜찮은 삶 …… 276

24 웨딩드레스와 턱시도 …… 286

25 Sorry, not sorry …… 296

26 결혼 못 하는 남녀 …… 306

27 할머니 레즈비언 …… 317

에필로그 …… 330

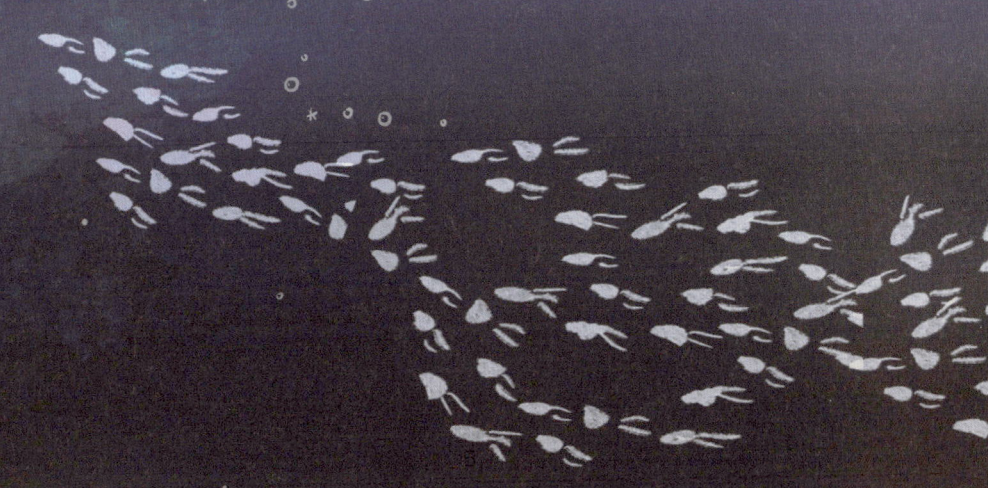

 프롤로그

이것은

일상 속을 깊숙이 헤엄쳐 보는 이야기.

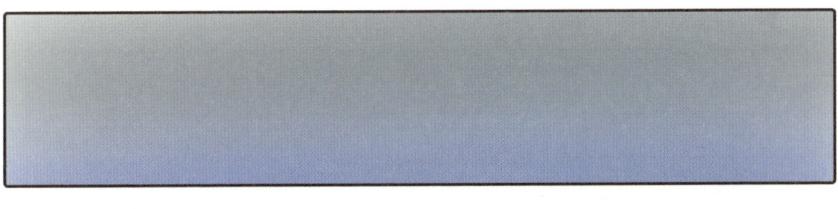

그렇다.
사실 이 만화는…

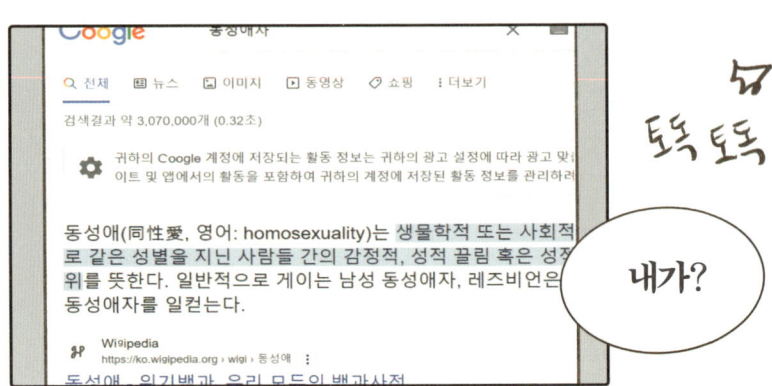

학원에는 그림 그리러 가야 되는 거잖아…. 근데 나는 걔를 보러 가고 있다고…. 이게 말이 되냐고….

근데…

난 그런 사람인가 보지, 뭐~, 아, 몰라 몰라~. 마음이 가는 거 어쩌라고요.

← 생각보다 빨리 받아들인 편

01
 어디에나 있는

아침이 오면

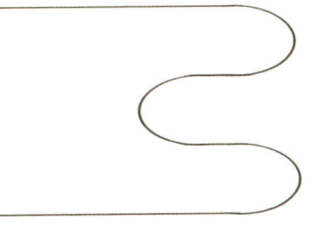

나는
어디에나 있는

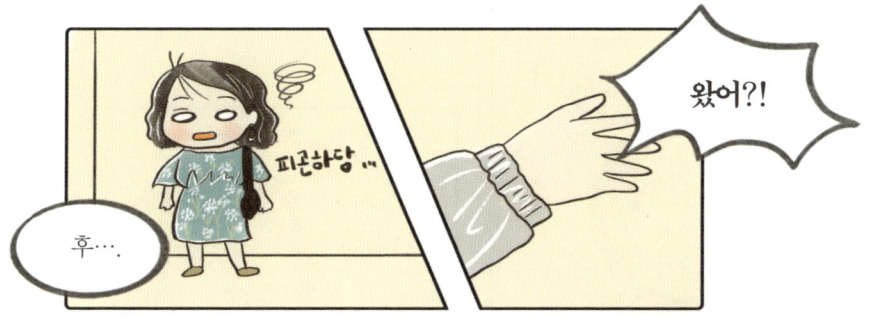

후….

피곤하당…

왔어?!

그리고 우리는

보통의 연인들.

02
내 꺼

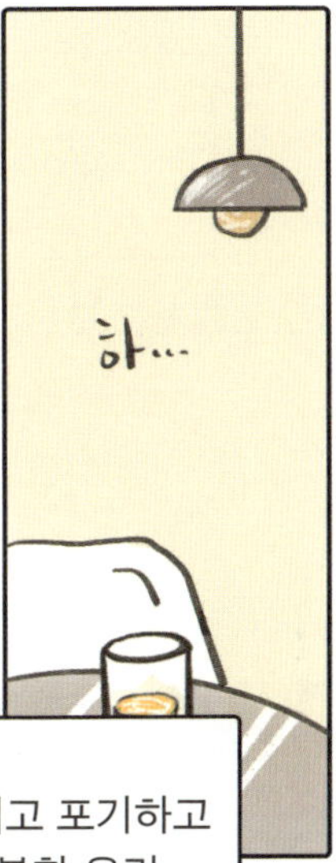

04
 방심은 금물

그래서 지원이는 데이트할 때 지키던 철칙이 있다.

첫째, 약간의 거리 두고 걷기.

둘째, 손 잡지 않기.

단, 사람이 없을 때는 괜찮다!!

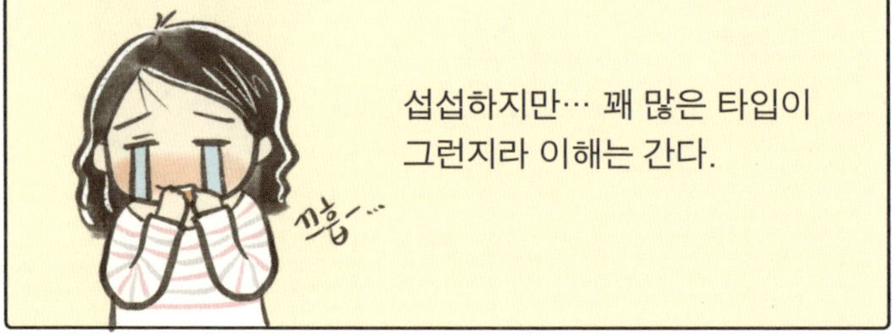

섭섭하지만… 꽤 많은 타입이 그런지라 이해는 간다.

물론, 이렇게 있어도

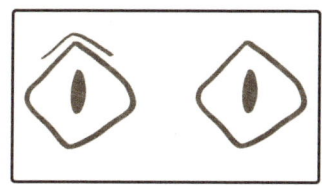

05 신나는 미술 수업 1

06
 신나는 미술 수업 2

두 분 정말 사이가 좋으시네요ㅋㅋㅋ

전 그림 봐줄 사람도 없으니까 커플은 좀 조용히 해 주세요.

그런데 갑자기 평화롭던 일상이 깨지는 일이 발생했다.

ㅋㅋㅋㅋㅋㅋㅋㅋ222
혼잔데 혼자 있고 싶네요….
근데 저희 정말 정모라도 해야 하는 거 아닌가용~!

와, 좋아요!!!
완전 찬성~~
두 분도 꼭 오세요!!
ㅋㅋㅋㅋㅋ

헐 좋은 생각이네요
저도 좋아요!!
말 나온 김에 날 잡죠!

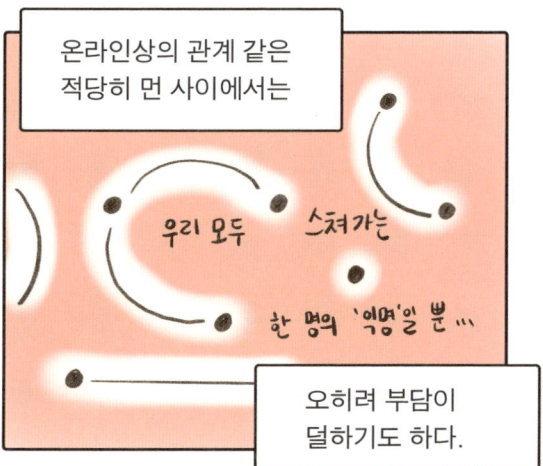

빵주먹 님! ㅠㅠ 말씀하시기 어려웠을 수도 있는데, 이렇게 이야기해 주셔서 너무 감사해요!! ㅠㅠ

제가 수업에서 일방적으로 남자, 여자로 구분해서 혹시 빵주먹 님이랑 냥주먹 님한테 상처가 됐다면 진심으로 정말정말 죄송합니다ㅠㅠ 제가 아직 시야가 좁나 봐요. 이후 수업에서는 말씀 주신 부분 참고하도록 할게요~

두 분이 계셔서 수업도 너무 즐겁습니다!! 다음 주 수업 때도 같이 웃으면서 만나요♡♡

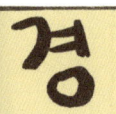

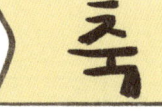

성공적 커밍아웃

07 너라서

"나 레즈비언이야."

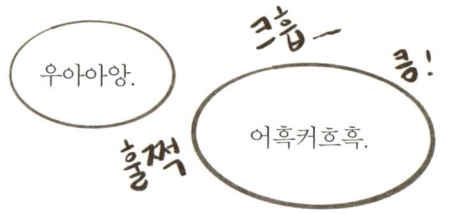

08 레즈, 지옥

* 부치: 레즈비언 관계에서 상대를 리드하거나 능동적인 쪽을 이른다. 섹스포지션과 반드시 일치하지는 않는다.

** 팸: 부치의 상대적 개념. 비교적 여성적인 성별 표현을 하는 편. 섹스포지션과 반드시 일치하지는 않는다.

09 수빈의 연애

수빈이는 레즈 커뮤니티에서 알게 된

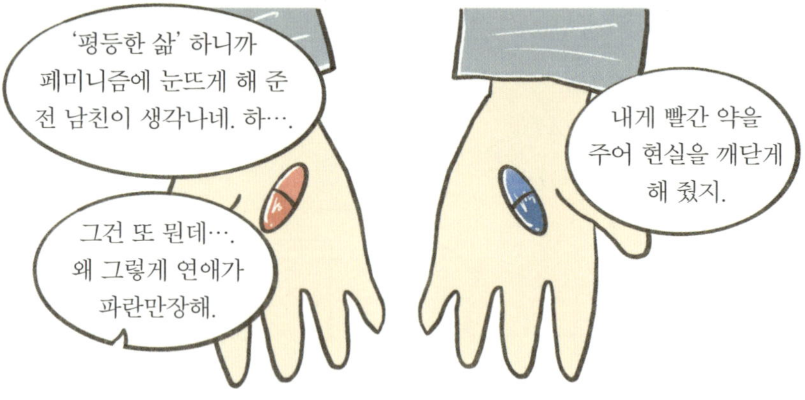

10
 Same but Different

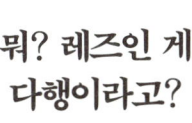

11 머리가 짧아 슬픈 짐승

친구 구하려고 미리 커뮤니티에서 글을 좀 봤거든…?

흑흑~~

[잡담] 머리 짧은 사람은 좀…

머리 짧은 애들은 솔직히 남자병 있어서 믿고 거른닼ㅋㅋㅋ

그리고 요즘 시대에 그런 스타일은 좀 올드하지 않나? 웃긴 건 머리 짧은 애들은 긴 머리만 찾더라? 자기들은 꾸미지도 않으면서 웃겨 진짜ㅋ

22222 인정ㅋㅋㅋㅋㅋ

333일반화는 아니시만 짧 중에 남자병 겁나 많이 봄. ㅋㅋㅋㅋㅋㅋ

ㅇㅇ. 자기들끼리 좀 ○면 좋겠음. 피해 안 끼치고~ 좀 꾸미든가, 지들도ㅋㅋㅋㅋ

[서울] 친구 구함

편하게 연락하고 가끔 밥이나 술 같이 할 친구 구해요! 참고로 머리 짧은 분은 죄송해요 밖에서 티나지 않는 분이면 좋겠어요…ㅠㅠ 저도 스타일이에요.

솔직히 남자처럼 보이려는 건가 싶어서 꺼려지긴 해. 물론 다 그런 건 아니겠지만ㅎㅎ..

개인적으로 머리 짧은 애들은 친구로도 만나기 좀 꺼려지긴 하더라. ㅎ… 높은 확률로 허세 쩔고 쩍벌에 관리 안된 애들 투성이임…

아….

안녕하세요~.

!! 깜짝

머리가 짧으면 레즈비언인 걸 들킬까 봐 염려하는 마음도 당연히 이해돼.

일반적으로 그런 편견이 널리 퍼져 있으니까!

사람마다 취향이 다른 것도 납득할 수 있고.

단발머리 귀여워

타툭는

섹시미 최고TT

♡두부상♡

페미닌한 숏컷은 좋아~

나는 긴머리가 취향!

페미닌한 스타일에 더 끌려서, 취향이 아니에요!

머리 짧은 애들 대부분 이상해서 믿고 거름.

하지만 취향과 일반화는 구분해야 하지 않느냐는 말이야.

12
 야망 가슴

어쩌면

13
 중간에 선 자

오랜만에 다시 봄이 왔다고.

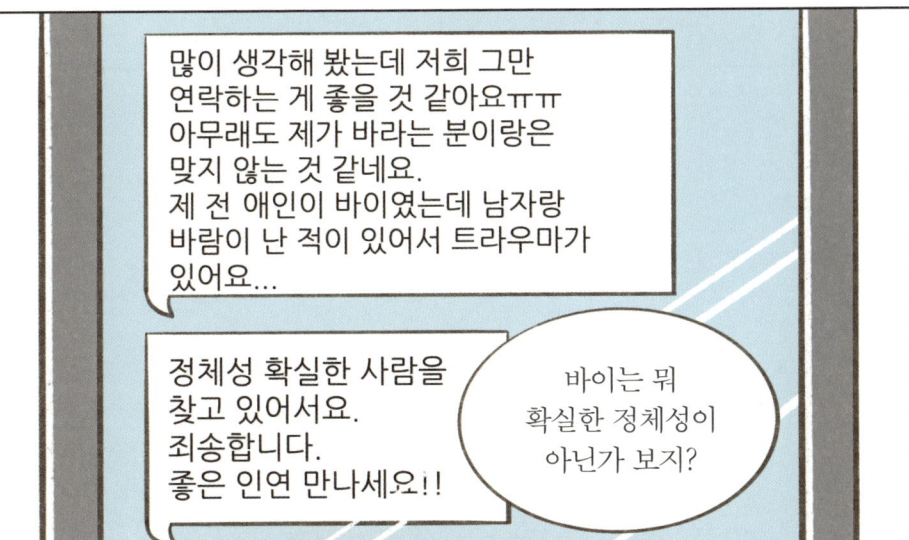

14 모두의 파이

그렇게 주최된 넷의 만남.

*FTM: Female to Male. 여성으로 태어났으나 스스로를 남성으로 생각하는 사람.

*WHO: 세계보건기구

**DSM-5: 미국정신의학협회(APA)에서 발행하는 정신질환 진단 및 통계 매뉴얼(약칭 DSM). DSM-5는 2013년에 나온 다섯 번째 개정판을 말한다.

*MTF: Male to Female. 남성으로 태어났으나 스스로를 여성으로 생각하는 사람.

엄연히 존재하는 어떤 사람들에 대한 찬반 토론은 늘 마음이 무겁다. 우리는 다 같은 처지인데.

거기서 그렇게 싸우고 있으면 어쩌냐~?!

수빈 씨랑 나랑 얼마나 곤란했다고!

미안해…. 근데 참을 수가 없었다!!

언니는 만약에 내가 트랜스젠더였으면 첫 만남에 바로 알았을 것 같아?

음…. 아니, 모를 듯. 어떻게 알아.

거 봐, 그런 거라니까.

의도치 않게 백분토론의 장이 되어 버린 두 커플의 더블데이트였다.

15 그들의 컬렉션

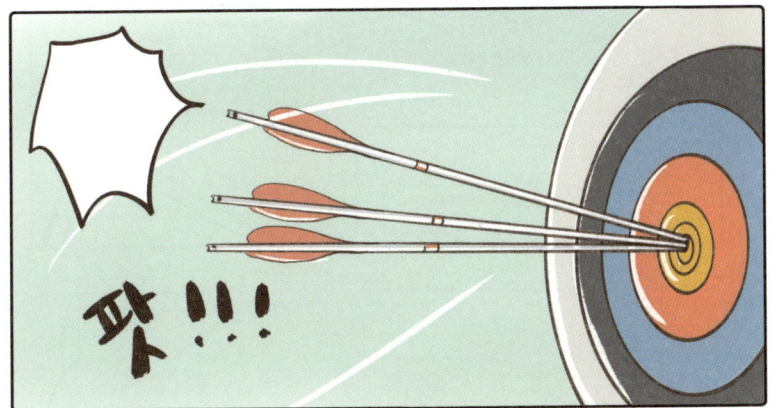

그해 여름,

* 전환 치료: 성적 지향을 동성애나 양성애에서 이성애로 전환한다고 알려진 치료법.
** 교정 강간: 성적 지향 또는 성정체성을 교정하겠다는 목적으로 자행되는 성폭력.

16
 어떤 선택

여자친구와
헤어졌다.

내가 바이인 게
문제였을까?

나는 그 애에게
뭐였을까.

너는, 내가 나라서
나를 사랑하는 게 아니니까.

나 사실….
여자 만나는 건
너랑이 처음이야.

그, 그래?!
내가 정말 후회 안 하게
잘 해 줄게!

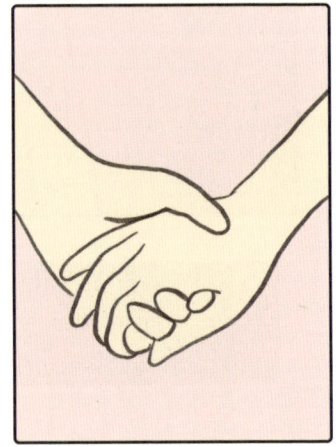

그 모든 것이

[핫이슈] 4B에 관하여

페미면 4B는 기본적으로
해야 하는 거 아냐?
비혼, 비출산, 비연애, 비섹스.
인생에서 남자를 없애는
가장 기본이자 확실한 방법인데
이걸 왜 안 해?

222ㅋㅋ 4B 안 하면
남성우월주의, 가부장제에
편승하는 명예남자랑
똑같다고 본다~ㅋㅋㅋ
으, 겁나 싫음ㅋㅋㅋ

[잡담] 여초과 탈코르셋

흉자, 명자들 사실 반박불…
4B는 기본이고 탈코까지
해야 돼, 진짜…

나 이번 학기에 머리 짧게
안 자르고 오는 신입들
전부 군기 잡을 거임ㅋㅋ
자를 때까지 군기 잡을
생각이다….ㅋㅋㅋ

3333 남자들이랑 같이 살아갈 필요가
없음ㅋㅋㅋ. 여자들 진짜
정신 차려라….그래서 나는 요새
레즈비어니즘 아주 찬성이야.

남자들 더치페이스도 안 하는데
혼자서 예쁘게 코르셋도 조여 주고
사랑받으려고 애교나 떨고….
탈코르셋 4B 안 하는 여자들도
다 흉자여ㅋㅋㅋ. 같은 여자면서 여성
인권 하락시키는 진짜 적임ㅋㅋㅋ

역시 답은 레즈비어니즘이다~!!
ㅋㅋㅋㅋㅋ

이성애에 기반한 가부장제 타파를 위한 레즈비어니즘

사실은 사랑도 매우 정치적인 것입니다. 사회는 이성애를 강조하죠. 왜일까요?

그래야 남성우월주의 체제가 유지되기 때문인데요, 따라서 이성애 연애를 하는 헤테로 여성은 자기도 모르게 가부장제에 순응하게 되는 것입니다.

이제는 여성들만의 사회와 성애를 만들어야 합니다. 따라서 레즈비어니즘은 여성을 억압하는 가부장제와 이성애의 대안이 될 수 있죠.

동성애자는 선천적인 것이 아닙니다! 성적 지향은 바꿀 수 있죠. 따라서 모든 여자는 레즈비언이 될 수 있습니다!

17
 우리의 언어들

몇 년 전,

좋아! 오늘의 내가

〈불온한 당신〉이라는 다큐멘터리 영화를 봤다.

레즈비언, 트랜스젠더라는 말도 없던 시절을 살아간 이묵 씨의 삶을 다룬 내용이었다.

하긴, 옛날에도 성소수자들은 있었을 테니까.

이묵 씨는 평생을 '바지씨'로 살았다고 한다.

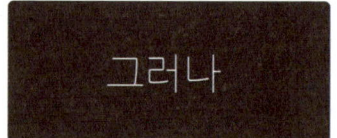

"세상이나 사상이 변하고 있는 건 맞아. 좋은 방향이면 따르는 게 좋고!"

"그런 과정에서 없어질 건 없어지고, 바뀔 건 바뀌겠지?"

"그런데 부치나 펨이 누군가를 비하하는 말은 아니잖아. 볼드모트냐고. 그 말들이 막 들어왔을 당시의 사회적 분위기나 사람들의 인식이 틀린 것이라는 데에는 찬성하지 않아."

"특정 나이대 특유의 유대감이나 감성이라는 것도 있잖아? 혐오나 차별하는 말이 아닌 이상, 조금씩 남아 있는 건 어쩔 수 없지."

"대체할 개념이나 설명 가능한 언어도 빈약했을 테고."

"전부 과정이고 변해 가는 과도기일 텐데 그걸 보고 노태됐다느니, 틀딱이라느니 혐오하듯 말하는 건 '이렇게 깨어 있는 나~!★'에 취한 선민 의식 같아. 굉장히 무례해!"

"그걸 왜 옳고 그름으로만 나눠서 사람들을 멋대로 재단하는 걸까? 흑백논리의 온상처럼 보여."

"이 문제는 누가 틀렸고 맞고의 문제가 아닌 것 같아, 난."

"사람마다 받아들이는 속도가 다 다르기도 하고."

18
 이상한 연애, 이상한 데이트

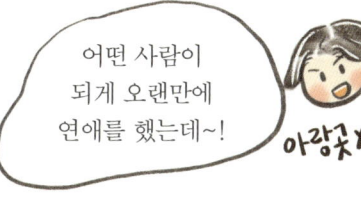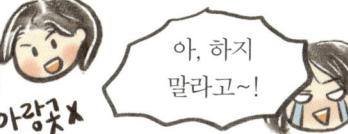

19
Heaven

20 그날의 분위기

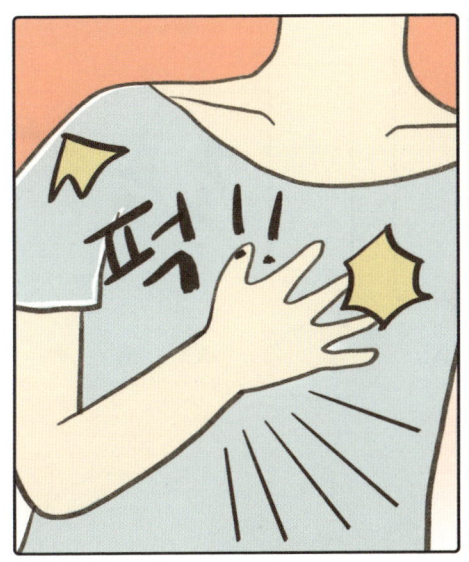

21
둘이 하는 놀이

어떤 밤은

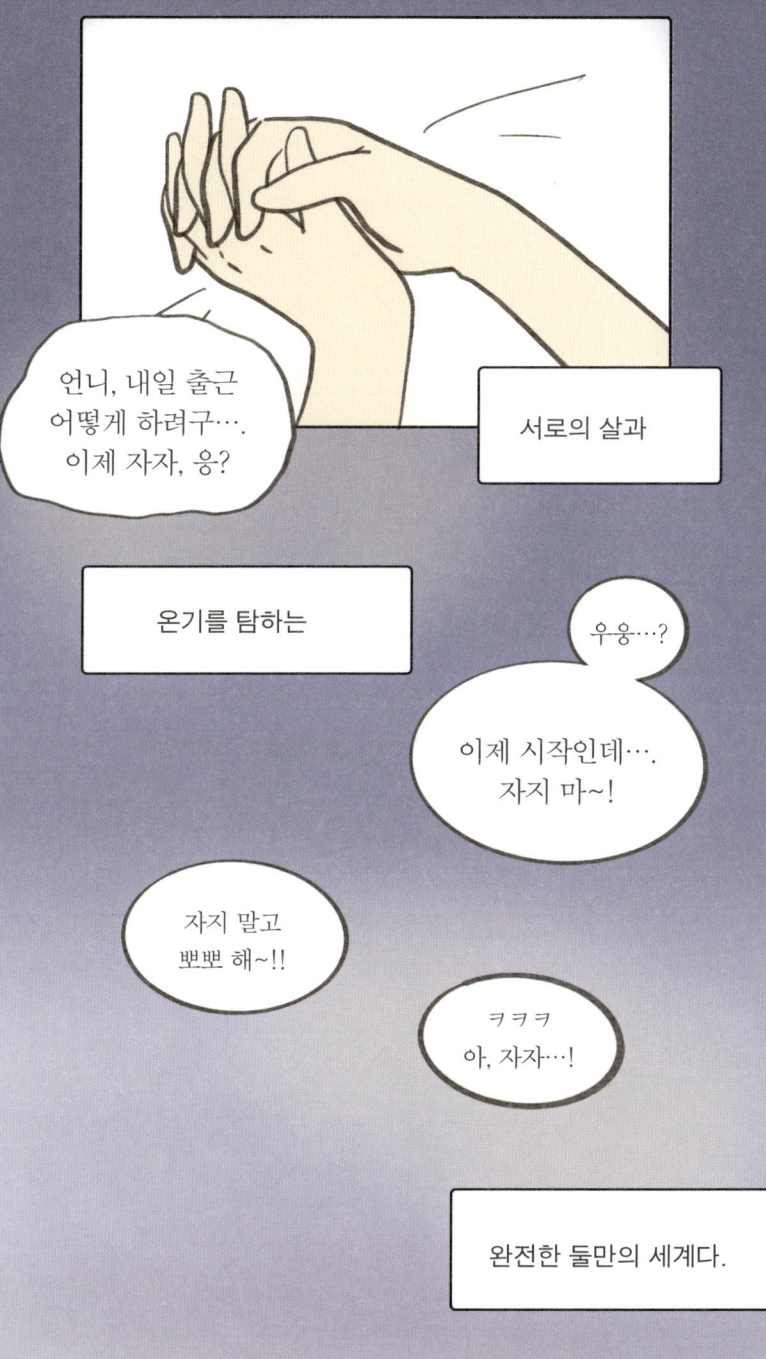

말 없이
안고만 있어도

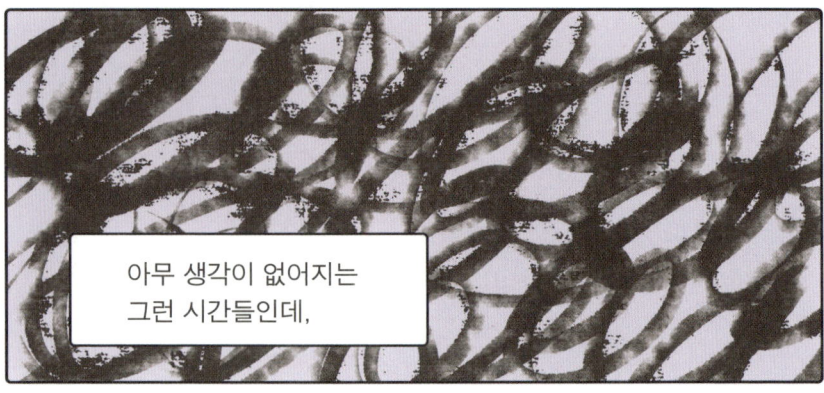

아무 생각이 없어지는
그런 시간들인데,

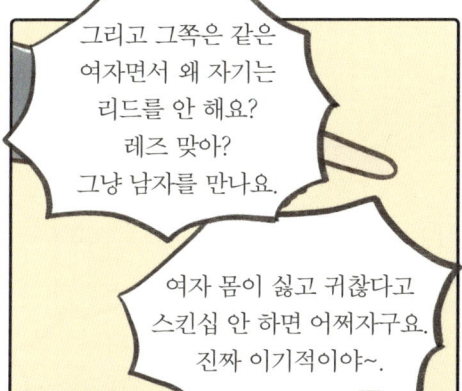

22
 무쓸모의 쓸모

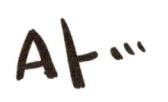

23 혼자도 괜찮은 삶

헤테로 친구들뿐 아니라 레즈비언 친구들 중에도 비연애나 비혼 선언을 한 친구들이 있다.

빛이 나는 솔로
I'm going
Solo lo lo lo lo lo~

헤테로라면 어느 정도 이해는 가는데….

경제적 압박
독박육아
+etc…
경력단절
고부갈등

레즈들은 어떤 이유로 비연애·비혼을 택하는 걸까?

에베베…

그래서 오늘은 지인들을 만나 물음표 살인마가 되어 보았다.

① 봉봉의 경우

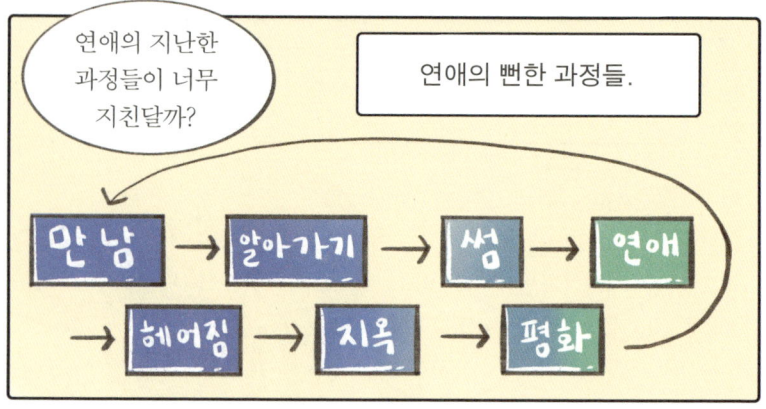

② 콜라의 경우

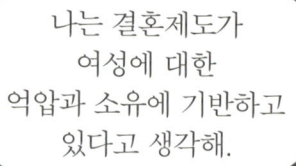

24
웨딩드레스와 턱시도

25
 Sorry, Not Sorry

이것은 아직 마음 깊은 곳에
숨어 있는 나의 지난 이야기다.

나는 예전에
결혼을 결심한 적이 있었다.

결혼은
나랑 해야지!!

그때 결혼했으면
어쩔 뻔했어!!
나도 못 만나고!!

지원이의 바다 같은 마음으로
그때의 상처는 치유됐지만,

아직도 남아 있는
딱지 같은 기억들이 있다.

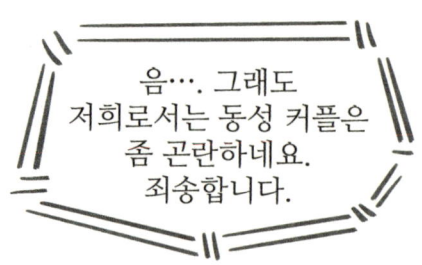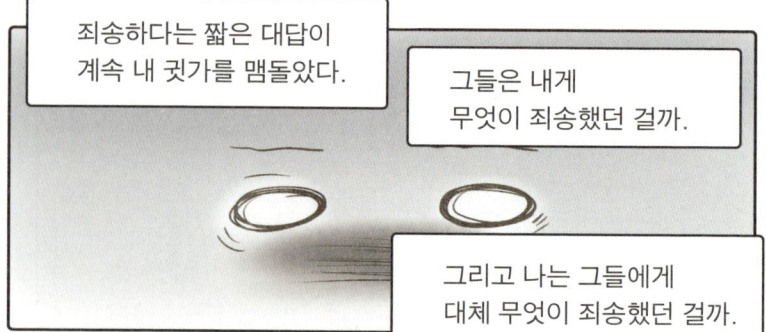

여자들끼리 무슨 결혼을 한다고. ㅋㅋ

굳이? 그래봤자, 그냥 소꿉장난이지.

더러워~.

정상적인 가정은 아니잖아? ㅋㅋ

너희끼리 조용히 살면 되잖아.

우리는 법으로 묶일 수 없으니까.

우리끼리라도 서로에 대한 약속을 하고 싶은 것뿐인데.

그것조차 안 된다고…?

그들의 '죄송합니다'는 죄송이 아닌 게 아닐까. 그런 생각이 들었다.

26
 결혼 못 하는 남녀

*대만은 2019년에 아시아 최초로 동성결혼을 법제화했다.

27
할머니 레즈비언

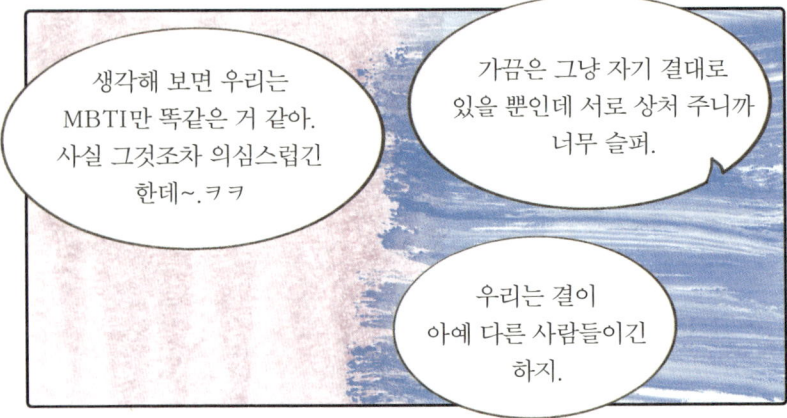

우리 모두 인생과 얼굴에
어떤 주름을 가졌든,
각자 삶의 모습이 어떻든,

에필로그

저는 레즈비언입니다. 어릴 때부터 세상이 정해 놓은 규칙과는 잘 맞지 않는 사람인 것 같다는 두려움과 답답함 속에서 그 '맞지 않음'이 무엇일까 막연히 고민하며 학창 시절을 보냈습니다.

청소년 시기에 동갑내기 친구를 좋아한다는 사실을 깨달은 후 오랜 시간 '벽장' 속에서 살다가 용기를 내어 울타리를 찾아보았지만, 그곳도 그렇게 안락한 사회는 아니었습니다. 비슷한 사람들이 모인 만큼 더 끈끈하고 평화로울 줄 알았던 그곳에서도 선생은 진행 중이있지요.

이제 어른이 된 제게는 어느새 '성소수자'라는 꼬리표가 붙어 있습니다. 사회적 소수자이니, 다르거나 틀린 비주류의 한 무리로 '구별'되는 사람이 된 것입니다.

내가 생각하는 '평범'과 다른 사람들이 생각하는 '평범'이 어떻게 다른지 알고 싶어졌습니다. 내가 생각하는 사랑이란 다른 사람의 사랑과 다른가? 결혼은? 가족은? 그런 내 안의 질문들을 차분히 한 컷 한 컷 그림으로 그리며 정리해 보고 싶었습니다. 그러고는 욕심이 났습니다. 다른 사람들과도 함께 소통이란 걸 해보고 싶다고요. 그러자 기대했던 것보다 많은 응원이 돌아왔습니다. 작지만 소소한 응원들이 있어 세상을 바라보는 저의 시각도 조금은 더 따뜻해졌습니다.

여전히 세계는 평평하지 않습니다. 동성결혼이 법제화된 나라가 있는 반면, 동성애 행위만으로도 사형에 처하는 나라가 있습니다. 우리나라는 차별금지법, 동성혼 법제화와 동반자법이 표류 중이고요. 하지만 이런 이야기만을 하고 싶었던 것은 아닙니다.

탈코르셋 강요, 비연애·비혼, 이성애 답습, 바이와 트랜스젠더 혐오, 성소수자의 나이듦에 관한 문제 등등 여러분에게 하고 싶은 이야기가 참 많습니다. 레즈비언 커뮤니티 내에서도 얼마나 다양한 관점과 논란들이 있는지 모릅니다. 주제마다, 사건마다 제 생각을 솔직하게 그리고자 노력했습니다. 그리고 세상 어딘가에는 웃고 울고 사랑하고 싸우고 기뻐하거나 분노하기도 하며 일상생활을 영위하는 수많은 소수자 커플과 공동체가 있다는 것을 말하고 싶었습니다.

마지막으로, 험난한 이 사회에서 꺾이지 않고 생존해 행복하고 건강한 할머니 레즈비언이 되고 싶습니다. 나이 들어 서로 의지할 수 있는 파트너와 지지고 볶으면서 소소하지만 반짝이는 시간을 보내고 싶습니다. 사랑이란 누군가와 함께 지옥을 견디는 일이니 같이 나이 들어가며 결혼 지옥도 한번 경험해 보고 싶고요.

늘 함께 고민해 주신 뿌리와이파리 출판사와 편집자님께, 밤샘 작업을 할 때마다 항상 옆을 지켜 준 고양이 감자와 점보, 그리고 가족과 친구들에게 감사의 인사를 전합니다.

제 작은 응원이 소수자들의 연대에 조금이나마 힘이 되면 좋겠습니다. 여러분의 세상이 더욱 편안하고 다양한 색채로 물들기를 바랍니다.

2025년 1월, 해강 드림

2025년 2월 5일 초판 1쇄 적음
2025년 2월 25일 초판 1쇄 펴냄

지은이 해강

펴낸이 정종주
편집 박윤선
마케팅 김창덕

펴낸곳 도서출판 뿌리와이파리
등록번호 제10-2201호 (2001년 8월 21일)
주소 서울시 마포구 월드컵로 128-4 (월드빌딩 2층)
전화 02)324-2142~3
전송 02)324-2150
전자우편 puripari@hanmail.net

표지디자인 공중정원 박진범
본문조판 윤작업실

종이 화인페이퍼
인쇄 및 제본 영신사
라미네이팅 금성산업

값 18,000원
ISBN 978-89-6462-212-4 (07810)